Impressum
Verlag: BABADADA GmbH, Nedderfeld 112 , 22529 Hamburg
Geschäftsführer / Verlagsleitung: Harald Hof
Druck: Books on Demand GmbH, In de Tarpen 42, 22848 Norderstedt

Imprint
Publisher: BABADADA GmbH, Nedderfeld 112 , 22529 Hamburg, Germany
Managing Director / Publishing direction: Harald Hof
Print: Books on Demand GmbH, In de Tarpen 42, 22848 Norderstedt, Germany

классная комната
el salón de clases

делить
dividir

186/2

школьный двор
el patio

доска
el pizarrón

учитель
el maestro

бумага
el papel

писать
escribir

ручка
el bolígrafo

письменный стол
el escritorio

линейка
la regla

книга
el libro

ученик
el alumno

ранец

la mochila

пенал

la caja de lápices

карандаш

el lápiz

точилка

el sacapuntas

ластик

la goma de borrar

альбом для рисования

el bloc de dibujo

рисунок

el dibujo

кисточка

el pincel

коробка красок

la caja de lápices de color

ножницы

las tijeras

клей

el pegamento

тетрадь

el libro de ejercicios

домашняя работа

la tarea

12

цифра

el número

2+2

прибавлять

sumar

5-2

вычитать

restar

2×2

умножать

multiplicar

считать

calcular

A

буква

la letra

ABCDEFG HIJKLMN OPQRSTU VWXYZ

алфавит

el alfabeto

hello

слово

la palabra

текст

el texto

читать

leer

мел

la tiza

урок

la lección

классный журнал

el cuaderno de clase

экзамен

el examen

диплом

el certificado

школьная форма

el uniforme

образование

la educación

энциклопедия

la enciclopedia

университет

la universidad

микроскоп

el microscopio

карта

el mapa

корзина для бумаг

el bote de basura

школа - la escuela

гостиница
el hotel

турбаза
el hostel

пункт обмена валюты
la casa de cambio

чемодан
la maleta

автомобиль
el carro

язык
el idioma

да / нет
sí / no

хорошо
Órale

Привет
hola

переводчик
el traductor

Спасибо
Gracias

Сколько стоит...?

¿cuánto cuesta...?

Я не понимаю

No entiendo

проблема

el problema

Добрый вечер!

¡Buenas tardes!

Доброе утро!

¡Buenos días!

Доброй ночи!

¡Buenas noches!

До свидания

adiós

направление

la dirección

багаж

el equipaje

сумка

la bolsa

рюкзак

la mochila

гость

el invitado

комната

la recámara

спальный мешок

la bolsa de dormir

палатка

la tienda de campaña

туристическая
информация
la información turística

пляж
la playa

кредитная карточка
la tarjeta de crédito

завтрак
el desayuno

обед
el almuerzo

ужин
la cena

билет
el billete

лифт
el ascensor

почтовая марка
el sello

граница
la frontera

таможня
la aduana

посольство
la embajada

виза
la visa

паспорт
el pasaporte

самолёт
el avión

корабль
el barco

пожарный автомобиль
el camión de bomberos

автобус
el autobús

грузовик
el camión

моторная лодка
la lancha a motor

велосипед
la bicicleta

автомобиль
el carro

паром

el ferry

лодка

el bote

мотоцикл

la motocicleta

полицейский автомобиль

la patrulla

гоночный автомобиль

el coche de carreras

арендованный
автомобиль
el auto para rentar

совместное пользование
автомобилями
la renta de autos

буксировочный
автомобиль
la grúa

мусоровоз

el camión recolector de
basura

двигатель

el motor

топливо

la gasolina

заправка

la gasolinera

дорожный знак

la señal de tráfico

движение

el tránsito

пробка

el embotellamiento

автостоянка

el aparcamiento

вокзал

la estación de tren

рельсы

las vías

поезд

el tren

трамвай

el tranvía

вагон

el vagón

вертолёт

el helicóptero

аэропорт

el aeropuerto

вышка

la torre

пассажир

el pasajero

контейнер

el contenedor

коробка

la caja de cartón

тележка

la carretilla

корзина

la cesta

взлетать / приземляться

despegar / aterrizar

город
la ciudad

деревня

el pueblo

центр города

el centro de la ciudad

дом

la casa

кинотеатр
el cine

реклама
el anuncio

уличный фонарь
el farol

CINEMA

улица
la calle

такси
el taxi

киоск
la dulcería

пешеход
el peatón

тротуар
la banqueta

пешеходный переход
el paso peatonal

мусорное ведро
el bote de basura

перекрёсток
el cruce

светофор
el semáforo

хижина
la cabaña

квартира
el apartamento

вокзал
la estación de tren

ратуша
el ayuntamiento

музей
el museo

школа
la escuela

университет

la universidad

банк

el banco

больница

el hospital

гостиница

el hotel

аптека

la farmacia

офис

la oficina

книжный магазин

la librería

магазин

la tienda

цветочный магазин

la florería

супермаркет

el supermercado

рынок

el mercado

универмаг

las grandes tiendas

торговец рыбой

la pescadería

торговый центр

el centro comercial

порт

el puerto

парк

el parque

скамейка

el banco

мост

el puente

лестница

las escaleras

метро

el metro

тоннель

el túnel

автобусная остановка

la parada de autobús

бар

el bar

ресторан

el restaurante

почтовый ящик

el buzón

табличка с названием улицы

el letrero

паркометр

el parquímetro

зоопарк

el zoológico

бассейн

la alberca

мечеть

la mezquita

ферма
la granja

загрязнение окружающей среды
la contaminación

кладбище
el cementerio

церковь
la iglesia

детская площадка
el área de niños

храм
el templo

ландшафт
el paisaje

лист
la hoja

дорожный указатель
la señal

путешественник
el caminante

дорога
el camino

луг
la pradera

камень
la piedra

дерево
el árbol

река
el río

трава
el pasto

цветок
la flor

долина

el valle

гора

la montaña

озеро

el lago

лес

el bosque

пустыня

el desierto

вулкан

el volcán

замок

el castillo

радуга

el arco iris

гриб

el champiñón

пальма

la palmera

комар

el mosquito

муха

la mosca

муравей

la hormiga

пчела

la abeja

паук

la araña

жук

el escarabajo

лягушка

la rana

белка

la ardilla

еж

el erizo

заяц

la liebre

сова

la lechuza

птица

el pájaro

лебедь

el cisne

кабан

el jabalí

олень

el ciervo

лось

el alce

плотина

el embalse

ветряной генератор

la turbina eólica

солнечная батарея

el panel solar

климат

el clima

официант
el camarero

меню
el menú

стул
la silla

суп
la sopa

пицца
la pizza

столовые приборы
los cubiertos

скатерть
el mantel

закуска

la entrada

главное блюдо

el plato fuerte

десерт

el postre

напитки

las bebidas

еда

la comida

бутылка

la botella

фастфуд

la comida rápida

уличная еда

la comida de la calle

чайник

la tetera

сахарница

la azucarera

порция

la porción

кофеварка

la cafetera espresso

детский стульчик

la periquera

счет

la cuenta

поднос

la charola

нож

el cuchillo

вилка

el tenedor

ложка

la cuchara

чайная ложка

la cuchara de té

салфетка

la servilleta

стакан

el vaso

тарелка

el plato

суповая тарелка

el plato hondo

блюдце

el plato

соус

la salsa

солонка

el salero

мельница для перца

el molino para pimienta

уксус

el vinagre

масло

el aceite

специи

las especias

кетчуп

el kétchup

горчица

la mostaza

майонез

la mayonesa

супермаркет
el supermercado

специальное предложение
la oferta especial

покупатель
el cliente

молочные продукты
los productos lácteos

фрукты
la fruta

тележка для покупок
el carrito para compras

FOR

мясной магазин

la carnicería

пекарня

la panadería

взвешивать

pesar

овощи

los vegetales

мясо

la carne

быстрозамороженные
продукты

los alimentos congelados

нарезка

las carnes frías

консервы

los alimentos enlatados

стиральный порошок

el detergente en polvo

сладости

los dulces

предмет домашнего обихода

los electrodomésticos

моющее средство

productos de limpieza

продавщица

la vendedora

касса

la caja

кассир

el cajero

список покупок

la lista de compras

время работы

el horario de atención al público

бумажник

la cartera

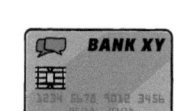

кредитная карточка

la tarjeta de crédito

сумка

la bolsa

полиэтиленовый пакет

la bolsa de plástico

las bebidas

вода

el agua

сок

el jugo

молоко

la leche

кока-кола

el refresco de cola

вино

el vino

пиво

la cerveza

алкоголь

el alcohol

какао

el cacao

чай

el té

кофе

el café

эспрессо

el espresso

капучино

el cappuccino

банан

el plátano

яблоко

la manzana

апельсин

la naranja

арбуз

el melón

лимон

el limón

морковь

la zanahoria

чеснок

el ajo

бамбук

el bambú

лук

la cebolla

гриб

el champiñón

орехи

las nueces

лапша

los fideos

спагетти

los espaguetis

рис

el arroz

салат

la ensalada

картофель фри

las patatas fritas

жареный картофель

las patatas fritas

пицца

la pizza

гамбургер

la hamburguesa

сэндвич

el emparedado

шницель

el filete

ветчина

el jamón

салями

el salami

колбаса

la salchicha

курица

el pollo

жаркое

el asado

рыба

el pescado

овсяные хлопья

los copos de avena

мюсли

el muesli

кукурузные хлопья

los copos de maíz

мука

la harina

круассан

el cuernito

булочка

el bolillo

хлеб

el pan

тост

la tostada

печенье

las galletas

масло

la mantequilla

творог

la cuajada

пирог

el pastel

яйцо

el huevo

яичница

el huevo frito

сыр

el queso

мороженое

el helado

сахар

el azúcar

мёд

la miel

мармелад

la mermelada

крем с нугой

la crema de chocolate

карри

el curry

крестьянский дом
la granja

сарай
el granero

тюк из соломы
una paca de paja

поле
el campo

лошадь
el caballo

прицеп
el remolque

жеребёнок
el potro

трактор
el tractor

осёл
el burro

овца
la oveja

ягнёнок
el cordero

коза

la cabra

корова

la vaca

телёнок

el ternero

свинья

el cerdo

поросёнок

el lechón

бык

el toro

гусь

el ganso

утка

el pato

цыплёнок

el pollo

курица

la gallina

петух

el gallo

крыса

la rata

кошка

el gato

мышь

el ratón

вол

el buey

собака

el perro

конура

la casa del perro

садовый шланг

la manguera

лейка

la regadera

коса

la guadaña

плуг

el arado

серп

la hoz

мотыга

el azadón

навозные вилы

la horquilla

топор

el hacha

тачка

la carretilla

корыто

el bebedero

бидон для молока

el bote de leche

мешок

el saco

забор

la valla

хлев

el establo

теплица

el invernadero

почва

el suelo

посев

la semilla

удобрение

el fertilizador

комбайн

la cosechadora

ферма - la granja

собирать урожай

cosechar

урожай

la cosecha

ямс

el camote

пшеница

el trigo

соя

la soja

картофель

la patata

кукуруза

el maíz

рапс

la semilla de colza

фруктовое дерево

el árbol frutal

маниок

la mandioca

злаки

las cereales

дымоход
la chimenea

крыша
el tejado

водосточный желоб
el canalón

окно
la ventana

гараж
el garaje

звонок
el timbre

дверь
la puerta

мусорное ведро
el bote de basura

почтовый ящик
el buzón

сад
el jardín

гостиная

la estancia

ванная комната

el baño

кухня

la cocina

спальня

la recámara

детская комната

la recámara de los niños

столовая

el comedor

пол

el suelo

стена

la pared

потолок

el techo

подвал

el sótano

сауна

el sauna

балкон

el balcón

терраса

la terraza

бассейн

la alberca

газонокосилка

el cortacésped

пододеяльник

la sábana

покрывало

la colcha

кровать

la cama

метла

la escoba

ведро

el balde

выключатель

el interruptor

обои
el papel para empapelar

рисунок
la imagen

лампа
la lámpara

полка
el estante

шкаф
la alacena

камин
la chimenea

телевизор
la televisión

цветок
la flor

подушка
el cojín

диван
el sofá

ваза
el florero

пульт дистанционного управления
el control remoto

ковёр

la alfombra

штора

la cortina

стол

la mesa

стул

la silla

кресло-качалка

la mecedora

кресло

el sillón

книга

el libro

покрывало

la frazada

украшение

la decoración

дрова

la leña

фильм

la película

стереосистема

el equipo de música

ключ

la llave

газета

el periódico

картина

la pintura

плакат

el póster

радио

la radio

блокнот

el cuaderno

пылесос

la aspiradora

кактус

el cactus

свеча

la vela

холодильник
el refrigerador

микроволновая печь
el microondas

кухонные весы
la báscula de cocina

тостер
la tostadora

моющее средство
el detergente

духовка
el horno

морозилка
el congelador

мусорное ведро
el bote de basura

посудомоечная машина
el lavavajillas

плита

la olla a presión

кастрюля

la olla

чугунный котелок

la olla de hierro fundido

вок / кадай

el wok

сковорода

la sartén

чайник

el hervidor

пароварка

la vaporera

противень

la charola de horno

посуда

la loza

кружка

la taza

миска

el bol

палочки для еды

los palillos

половник

el cucharón

лопатка

la espátula

сбивалка

la batidora

сито

el colador

сито

el colador

тёрка

el rallador

ступка

el mortero

гриль

la barbacoa

костёр

la fogata

доска

la tabla para picar

скалка

el rodillo para amasar

штопор

el sacacorchos

жестяная банка

la lata

консервный нож

el abrelatas

прихватка

el guante de cocina

раковина

el fregadero

щетка

el cepillo

губка

la esponja

миксер

la batidora

морозильная камера

el congelador

бутылочка для кормления

el biberón

кран

la llave

душ
la ducha

отопление
la calefacción

полотенце
la toalla

душевая занавеска
la cortina de la ducha

пенистая ванна
el baño de espuma

ванна
la tina

стакан
el vaso

стиральная машина
la lavadora

кран
la llave

плитка
las baldosas

горшок
la bacinica

раковина
el fregadero

туалет
el inodoro

напольный унитаз
la letrina

биде
el bidé

писсуар
el mingitorio

туалетная бумага
el papel higiénico

ершик
el cepillo para baño

зубная щетка

el cepillo de dientes

зубная паста

la pasta dental

зубная нить

el hilo dental

мыть

lavar

ручной душ

la ducha de mano

интимный душ

la ducha vaginal

таз

el fregadero

щетка для спины

el cepillo de espalda

мыло

el jabón

гель для душа

el gel de ducha

шампунь

el champú

мочалка

la toallita

сток

el drenaje

крем

la crema

дезодорант

el desodorante

зеркало

el espejo

ручное зеркало

el espejo de tocador

бритва

la máquina para afeitar

пена для бритья

la espuma de afeitar

лосьон после бритья

la loción para después de afeitar

расческа

el peine

щетка

el cepillo

фен

la secadora

лак для волос

la laca

косметика

el maquillaje

губная помада

el lápiz labial

лак для ногтей

el esmalte para uñas

вата

el algodón

маникюрные ножницы

las tijeras para uñas

духи

el perfume

косметичка
....
el estuche para cosméticos

табуретка
....
el taburete

весы
....
la báscula

халат
....
la bata

резиновые перчатки
....
los guantes de goma

тампон
....
el tampón

гигиеническая прокладка
....
la toalla sanitaria

биотуалет
....
el baño móvil

будильник
el despertador

мягкая игрушка
el peluche

игрушечный автомобиль
el carro de juguete

погремушка
la sonaja

кукольный домик
la casa de muñecas

подарок
el regalo

воздушный шар

el globo

кровать

la cama

детская коляска

la carriola

карточная игра

las cartas

пазл

el rompecabezas

комикс

el cómic

кирпичики Лего

las piezas de lego

кубики

los bloques para jugar

игрушечная фигурка

la figura de acción

ползунки

el mameluco

фрисби

el frisbee

мобиле

el móvil para bebés

настольная игра

el juego de mesa

кубик

los dados

модель железной дороги

el tren eléctrico

соска

el maniquí

вечеринка

la fiesta

книга с картинками

el álbum de fotos

мяч

el balón

кукла

la muñeca

играть

jugar

песочница

el arenero

качели

el columpio

игрушка

los juguetes

игровая приставка

la consola de videojuegos

трёхколесный велосипед

el triciclo

плюшевый медвежонок

el oso de peluche

шкаф для одежды

el clóset

одежда

la ropa

носки

los calcetines

чулки

las pantimedias

колготки

las mallas

шарф
la bufanda

зонтик
el paraguas

футболка
la playera

ремень
el cinto

сапоги
las botas

тапки
las chanclas

кроссовки
los tenis

сандалии

las sandalias

ботинки

los zapatos

резиновые сапоги

las botas de goma

трусы

la ropa interior

бюстгальтер

el brasier

майка

el chaleco

боди

el body

брюки

los pantalones

джинсы

los pantalones de mezclilla

юбка

la falda

блузка

la blusa

рубашка

la camisa

свитер

el suéter

свитер

la sudadera

спортивная куртка

el saco sport

жакет

la chamarra

пальто

el abrigo

плащ

el impermeable

костюм

el traje

платье

el vestido

свадебное платье

el vestido de novia

мужской костюм

el traje

ночная сорочка

el camisón

пижама

el pijama

сари

el sari

платок

el pañuelo para la cabeza

тюрбан

el turbante

паранджа

la burka

кафтан

el caftán

абайя

la abaya

купальник

el traje de baño

плавки

el short de baño

шорты

los shorts

спортивный костюм

los pants

фартук

el delantal

перчатки

los guantes

одежда - la ropa

пуговица

el botón

очки

las gafas

браслет

el brazalete

цепочка

el collar

кольцо

el anillo

серьга

el arete

шапка

la gorra

вешалка

el gancho

шляпа

el sombrero

галстук

la corbata

застежка молния

el cierre

шлем

el casco

подтяжки

los tirantes

школьная форма

el uniforme

форма

el uniforme

детский нагрудник

el babero

соска

el maniquí

подгузник

el pañal

сервер
el servidor

канцелярский шкаф
el archivo

принтер
la impresora

монитор
el monitor

бумага
el papel

письменный стол
el escriptorio

мышь
el mouse

папка
la carpeta

клавиатура
el teclado

корзина для бумаг
el bote de basura

компьютер
la computadora

стул
la silla

кофейная кружка

la taza de café

калькулятор

la calculadora

интернет

el internet

ноутбук

la notebook

письмо

la carta

сообщение

el mensaje

мобильный телефон

el móvil

сеть

la red

ксерокс

la fotocopiadora

программа

el software

телефон

el teléfono

розетка

el tomacorriente

факс

el fax

формуляр

el formulario

документ

el documento

покупать

comprar

платить

pagar

торговать

hacer negocios

деньги

el dinero

доллар

el dólar

евро

el euro

иена

el yen

рубль

el rublo

франк

el franco suizo

жэньминьби юань

el yuan

рупия

la rupia

банкомат

el cajero automático

пункт обмена валюты

la casa de cambio

золото

el oro

серебро

la plata

нефть

el petróleo

энергия

la energía

цена

el precio

договор

el contrato

налог

el impuesto

акция

la acción

работать

trabajar

служащий

el empleado

работодатель

el empleador

фабрика

la fábrica

магазин

la tienda

милиционер
el policía

пожарный
el bombero

повар
el cocinero

врач
el médico

пилот
el piloto

садовник

el jardinero

столяр

el carpintero

швея

la costurera

судья

el juez

химик

el farmacéutico

актёр

el actor

водитель автобуса

el conductor de autobús

таксист

el taxista

рыбак

el pescador

уборщица

la señora de la limpieza

кровельщик

el instalador de techos

официант

el camarero

охотник

el cazador

художник

el pintor

пекарь

el panadero

электрик

el electricista

строитель

el obrero

инженер

el ingeniero

мясник

el carnicero

сантехник

el plomero

почтальон

el cartero

солдат

el soldado

архитектор

el arquitecto

кассир

el cajero

флорист

el florista

парикмахер

el peluquero

кондуктор

el cobrador

механик

el mecánico

капитан

el capitán

зубной врач

el dentista

ученый

el científico

раввин

el rabino

имам

el imán

монах

el monje

священник

el sacerdote

молоток
el martillo

плоскогубцы
la pinza

отвёртка
el desarmador

гаечный ключ
la llave

карманный фон
la linterna

экскаватор

la excavadora

ящик для инструментов

la caja de herramientas

стремянка

la escalera de mano

пила

la sierra

гвозди

los clavos

дрель

el taladro

ремонтировать

reparar

лопата

la pala

Блин!

¡Maldición!

совок

el recogedor

ведро с краской

el bote de pintura

винты

los tornillos

музыкальные инструменты

los instrumentos musicales

громкоговоритель
el altavoz

ударный инструмент
la batería

гитара
la guitarra

контрабас
el contrabajo

труба
la trompeta

пианино

el piano

скрипка

el violín

бас-гитара

el bajo

литавры

los timbales

барабан

el tambor

синтезатор

el teclado

саксофон

el saxofón

флейта

la flauta

микрофон

el micrófono

тигр
el tigre

вход
la entrada

клетка
la jaula

зебра
la cebra

корм
el alimento para animales

панда
el oso panda

животные

los animales

слон

el elefante

кенгуру

el canguro

носорог

el rinoceronte

горилла

el gorila

медведь

el oso

верблюд

el camello

страус

el avestruz

лев

el león

обезьяна

el mono

фламинго

el flamenco

попугай

el loro

белый медведь

el oso polar

пингвин

el pingüino

акула

el tiburón

павлин

el pavo real

змея

la serpiente

крокодил

el cocodrilo

служитель зоопарка

el guardián de zoológico

тюлень

la foca

ягуар

el jaguar

пони

el poni

леопард

el leopardo

бегемот

el hipopótamo

жираф

la jirafa

орёл

el águila

кабан

el jabalí

рыба

el pescado

черепаха

la tortuga

морж

la morsa

лиса

el zorro

газель

la gacela

зоопарк - el zoológico

американский футбол
el fútbol americano

езда на велосипеде
el ciclismo

теннис
el tenis

баскетбол
el baloncesto

плавание
la natación

бокс
el boxeo

хоккей
el hockey sobre hielo

футбол
el fútbol

бадминтон
el bádminton

лёгкая атлетика
el atletismo

гандбол
el handball

лыжный спорт
el esquí

поло
el polo

прыгать
saltar

обнимать
abrazar

смеяться
reír

петь
cantar

идти
caminar

молиться
rezar

целовать
besar

мечтать
soñar

писать
....
escribir

рисовать
....
dibujar

показывать
....
mostrar

нажимать
....
empujar

давать
....
dar

брать
....
tomar

иметь

tener

делать

hacer

быть

ser

стоять

estar parado

бежать

correr

тянуть

jalar

бросать

arrojar

падать

caer

лежать

estar acostado

ждать

esperar

носить

llevar

сидеть

estar sentado

надевать

vestirse

спать

dormir

просыпаться

despertar

рассматривать

mirar

плакать

llorar

гладить

acariciar

причесывать

peinar

говорить

hablar

понимать

entender

спрашивать

preguntar

слушать

escuchar

пить

beber

кушать

comer

наводить порядок

ordenar

любить

amar

готовить

cocinar

ехать

conducir

летать

volar

ходить под парусом

navegar

считать

calcular

читать

leer

учиться

aprender

работать

trabajar

вступать в брак

casarse

шить

coser

чистить зубы

cepillarse los dientes

убивать

matar

курить

fumar

отправлять

enviar

бабушка
la abuela

дедушка
el abuelo

папа
el padre

мама
la madre

младенец
el bebé

дочь
la hija

сын
el hijo

гость

el invitado

тетя

la tía

дядя

el tío

брат

el hermano

сестра

la hermana

лоб
la frente

глаз
el ojo

плечо
el hombro

палец
el dedo

лицо
la cara

подбородок
la barbilla

кисть
la mano

грудь
el pecho

нога
la pierna

рука
el brazo

младенец
el bebé

мужчина
el hombre

женщина
la mujer

девочка
la niña

мальчик
el niño

голова
la cabeza

спина

la espalda

живот

la barriga

пупок

el ombligo

палец ноги

el dedo del pie

пятка

el talón

кость

el hueso

бедро

la cadera

колено

la rodilla

локоть

el codo

нос

la nariz

ягодицы

las pompis

кожа

la piel

щека

la mejilla

ухо

el oído

губа

el labio

рот

la boca

зуб

el diente

язык

la lengua

мозг

el cerebro

сердце

el corazón

мышца

el músculo

лёгкое

el pulmón

печень

el hígado

желудок

el estómago

почки

los riñones

половой акт

el sexo

презерватив

el condón

яйцеклетка

el óvulo

сперма

el semen

беременность

el embarazo

менструация
....
la menstruación

вагина
....
la vagina

пенис
....
el pene

бровь
....
la ceja

волосы
....
el cabello

шея
....
el cuello

больница
el hospital

машина скорой помощи
la ambulancia

кресло-каталка
la silla de ruedas

перелом
la fractura

врач
el médico

пункт первой помощи
la sala de emergencias

медсестра
la enfermera

неотложный случай
la emergencia

без сознания
inconsciente

боль
el dolor

повреждение

la lesión

кровотечение

la hemorragia

инфаркт

el infarto

инсульт

el accidente
cerebrovascular

аллергия

la alergia

кашель

la tos

повышенная температура

la fiebre

грипп

la gripa

понос

la diarrea

головная боль

el dolor de cabeza

рак

el cáncer

диабет

la diabetes

хирург

el cirujano

скальпель

el bisturí

операция

la operación

КТ

TC

рентген

los rayos x

ультразвук

el ultrasonido

маска

la mascarilla

болезнь

la enfermedad

приёмная

la sala de espera

костыль

la muleta

пластырь

la vendita

бинт

el vendaje

укол

la inyección

стетоскоп

el estetoscopio

носилки

la camilla

термометр

el termómetro

рождение

el nacimiento

избыточный вес

el sobrepeso

слуховой аппарат

el audífono

дезинфекционное средство

el desinfectante

инфекция

la infección

вирус

el virus

ВИЧ / СПИД

VIH / SIDA

лекарство

la medicina

прививка

la vacunación

таблетки

las tabletas

противозачаточная таблетка

la pastilla anticonceptiva

экстренный вызов

la llamada de emergencia

прибор для измерения кровяного давления

el medidor de presión

больной / здоровый

enfermo / sano

Помогите!

¡Socorro!

сигнал тревоги

la alarma

нападение

la agresión

атака

el ataque

опасность

el peligro

запасной выход

la salida de emergencia

Пожар!

¡Fuego!

огнетушитель

el extintor de incendios

несчастный случай

el accidente

аптечка

el botiquín de primeros auxilios

SOS

SOS

милиция

la policía

Европа

Europa

Северная Америка

Norteamérica

Южная Америка

Sudamérica

Африка

África

Азия

Asia

Австралия

Australia

Атлантический океан

el Atlántico

Тихий океан

el Pacífico

Индийский океан

el Océano Índico

Антарктический океан

el Océano Antártico

Северный Ледовитый океан

el Océano Ártico

Северный полюс

el polo norte

Южный полюс

el polo sur

Антарктика

la Antártida

земля

la tierra

суша

la tierra

море

el mar

остров

la isla

нация

la nación

государство

el estado

циферблат

la esfera

часовая стрелка

la manecilla de las horas

минутная стрелка

el minutero

секундная стрелка

el segundero

Который час?

¿Qué hora es?

день

el día

время

la hora

сейчас

ahora

электронные часы

el reloj digital

минута

el minuto

час

la hora

la semana

понедельник
lunes

среда
miércoles

пятница
viernes

вторник
martes

четверг
jueves

суббота
sábado

воскресенье
domingo

вчера

ayer

сегодня

hoy

завтра

mañana

утро

la mañana

полдень

el mediodía

вечер

la tarde

рабочие дни

los días laborables

выходные

el fin de semana

дождь
la lluvia

радуга
el arco iris

снег
la nieve

ветер
el viento

весна
la primavera

осень
el otoño

лето
el verano

зима
el invierno

прогноз погоды

el pronóstico del tiempo

термометр

el termómetro

солнечный свет

el sol

туча

la nube

туман

la niebla

влажность воздуха

la humedad

молния

el rayo

гром

el trueno

буря

la tormenta

град

el granizo

муссон

el monzón

наводнение

la inundación

лёд

el hielo

январь

enero

февраль

febrero

март

marzo

апрель

abril

май

mayo

июнь

junio

июль

julio

август

agosto

год - el año

сентябрь
....
septiembre

октябрь
....
octubre

ноябрь
....
noviembre

декабрь
....
diciembre

формы
las formas

круг
....
el círculo

квадрат
....
el cuadrado

прямоугольник
....
el rectángulo

треугольник
....
el triángulo

шар
....
la esfera

куб
....
el cubo

цвета

colores

белый

blanco

желтый

amarillo

оранжевый

naranja

розовый

rosa

красный

rojo

лиловый

morado

синий

azul

зелёный

verde

коричневый

marrón

серый

gris

черный

negro

много / мало

mucho / poco

яростный / мирный

enojado / tranquilo

красивый / уродливый

bonito / feo

начало / конец

principio / fin

большой / маленький

grande / pequeño

светлый / темный

claro / oscuro

брат / сестра

el hermano / la hermana

чистый / грязный

limpio / sucio

полный / неполный

completo / incompleto

день / ночь

el día / la noche

мёртвый / живой

muerto / vivo

широкий / узкий

ancho / angosto

съедобный / несъедобный

comestible / no comestible

злой / дружелюбный

malo / amable

взволнованный /
скучающий
entusiasmado / aburrido

толстый / худой

gordo / delgado

сначала / в конце

primero / último

друг / враг

el amigo / el enemigo

полный / пустой

lleno / vacío

твёрдый / мягкий

duro / blando

тяжёлый / легкий

pesado / ligero

голод / жажда

el hambre / la sed

больной / здоровый

enfermo / sano

незаконный / законный

ilegal / legal

умный / глупый

inteligente / tonto

слева / справа

izquierda / derecha

близко / далеко

cerca / lejos

новый / подержанный
....
nuevo / usado

ничто / нечто
....
nada / algo

старый / молодой
....
viejo / joven

включено / выключено
....
encendido / apagado

открыто / закрыто
....
abierto / cerrado

тихо / громко
....
silencioso / ruidoso

богатый / бедный
....
rico / pobre

правильный /
неправильный
correcto / incorrecto

шероховатый / гладкий
....
áspero / suave

печальный / счастливый
....
triste / contento

короткий / длинный
....
corto / largo

медленный / быстрый
....
lento / rápido

мокрый / сухой
....
húmedo / seco

тёплый / прохладный
....
caliente / frío

война / мир
....
guerra / paz

противоположности - los opuestos

los números

0

ноль

cero

1

один

uno

2

два

dos

3

три

tres

4

четыре

cuatro

5

пять

cinco

6

шесть

seis

7

семь

siete

8

восемь

ocho

9

девять

nueve

10

десять

diez

11

одиннадцать

once

12
двенадцать

doce

13
тринадцать

trece

14
четырнадцать

catorce

15
пятнадцать

quince

16
шестнадцать

dieciséis

17
семнадцать

diecisiete

18
восемнадцать

dieciocho

19
девятнадцать

diecinueve

20
двадцать

veinte

100
сто

cien

1.000
тысяча

mil

1.000.000
миллион

el millón

английский

el inglés

американский английский

el inglés americano

мандаринский китайский

el chino mandarín

хинди

el hindi

испанский

el español

французский

el francés

арабский

el árabe

русский

el ruso

португальский

el portugués

бенгальский

el bengalí

немецкий

el alemán

японский

el japonés

кто
тю
я

yo

ты

tú

он / она / оно

él / ella

мы

nosotros

вы

vosotros

они

ellos

кто?

¿quién?

что?

¿qué?

как?

¿cómo?

где?

¿dónde?

когда?

¿cuándo?

имя

el nombre

где

dónde

за
....
detrás

в
....
en

перед
....
delante de

над
....
por encima de

на
....
sobre

под
....
debajo de

рядом
....
junto a

между
....
entre

место
....
el lugar